SUPER PILOTO

NOMBRE:

IDENTIFICACIÓN:

MISIÓN:

ESCUDERÍA:

ESPECIALIDAD:

FIRMA:

INSTRUCCIONES

1. Rellena el formulario Súper Piloto.
2. Sigue la ruta marcada •••• >
y cumple las ocho tareas.
3. Usa los lentes 3D y sumérgete
en tu velocísima aventura X en 3D.
4. Completa la misión eXtrema
contestando las
preguntas del INFORME

15 de octubre de 1997, Andy Green se convierte en el primer hombre en romper la barrera del sonido en auto, alcanzando con su Thrust SSC la increíble velocidad de 763mph (1224km/h).

COMIENZA LA TAREA 1 >

> PRIMERAS *máquinas*

Bólido Ford de 1929 con motor a propano

Alfa Romeo tipo 2900

SS-100 Jaguar, 1936

> DESDE FINALES del Siglo XIX el mundo ha quedado fascinado por la velocidad, un ámbito en el que el hombre se ha jugado la vida en pos de la gloria. Las primeras carreras de autos se celebraron en caminos de tierra, donde simplemente acabar se consideraba un triunfo. El primer circuito de carreras de autos fue el de Brooklands, inaugurado en Surrey, Inglaterra, en 1907. El primer récord de velocidad registrado fue el del piloto francés Gaston de Chaseeloup-Laubat en 1898, que alcanzó unos, para entonces, vertiginosos 40mph (63km/h). El actual récord mundial está en poder de Andy Green, que con su Thrust SCC impulsado por dos turbinas de avión, alcanzó la insólita velocidad de 763mph (1224 km/h). Por aire, desde el primer vuelo propulsado de los hermanos Wright en 1903, las marcas de velocidad no han dejado de mejorarse.

1908 Austin Grand Prix

Ford Racer, 1929

¿Podrás soportar la velocidad? ¿Qué prefieres, la velocidad por tierra o por aire?

El triplano Fokker fue el caza más temido en la I GM

En 1927, Charles Lindberg pasa a ser el primero en volar solo sobre el Atlántico a bordo del "Spirit of Saint Louis"

En 1909 Louis Blériot se convierte en el primer hombre en sobrevolar el Canal de la Mancha.

Bugatti Tipo 35 en la parrilla de salida

Respuestas para el informe: 1. Brooklands, Inglaterra. 2. 1903. 3. Charles Lindberg. 4. Spirit of St. Louis.

pura sangres de metal

¿Habrá algo más emocionante en el mundo que las carreras de motos?

PARA MUCHOS aficionados a las motos las competencias más importante son los Campeonatos Mundiales de *Superbikes*. Las máquinas de estos eventos son motos de serie modificadas para competir a velocidades de hasta 200mph (320km/h). La emoción está garantizada ya sea en 500cc, 750cc o 1000cc.

Un piloto roza el asfalto en una "tumbada"

Las motos de motocrós son livianas y robustas, con mucho espacio entre el bloque chasis-motor y el suelo para evitar obstáculos

Superbikes de 750cc en plena competición

¿HAS SENTIDO el rugido de uno de estos pura sangres de metal? Ya sean motos de campo o *superbikes*...

...no hay emoción comparable a la pura velocidad!

PURA SANGRES DE METAL DE DOS RUEDAS

P1. ¿Qué velocidad alcanza una *superbike*?

P2. ¿Qué hace el copiloto de un sidecar para aumentar la adherencia?

P3. ¿Cómo tienen que ser las motos de motocrós, livianas o pesadas?

INFORME

En las carreras de sidecar, el copiloto pone su peso en las ruedas traseras para aumentar la adherencia

No acabes como este desafortunado piloto

PELIGRO

Respuestas para el informe: 1. 200mph (320km/h) 2. Pone su peso sobre las ruedas traseras. 3. Livianas.

NACIDOS PARA *ganar*

Los *"funny cars"* de motor frontal se basan en deportivos de serie. ¡Pero vaya cambio!

'Chevy' Beretta modificado

LA VELOCIDAD y el espectáculo de las carreras de *dragsters* hacen que estas competencias sean terriblemente emocionantes. Todo empezó en EE.UU. a finales de la década de los cuarenta, cuando las carreras se celebraban en vías públicas. Al final se acabaron prohibiendo y se instó a los aficionados a celebrarlas en aeródromos abandonados y en lechos de lagos desecados. A mediados de los setenta, el *drag racing* ya contaba en circuitos específicos para continuar con sus escalofriantes duelos.

Joe Amato, es el piloto de *dragsters* más famoso de todos los tiempos.

Ford Model A hot rod

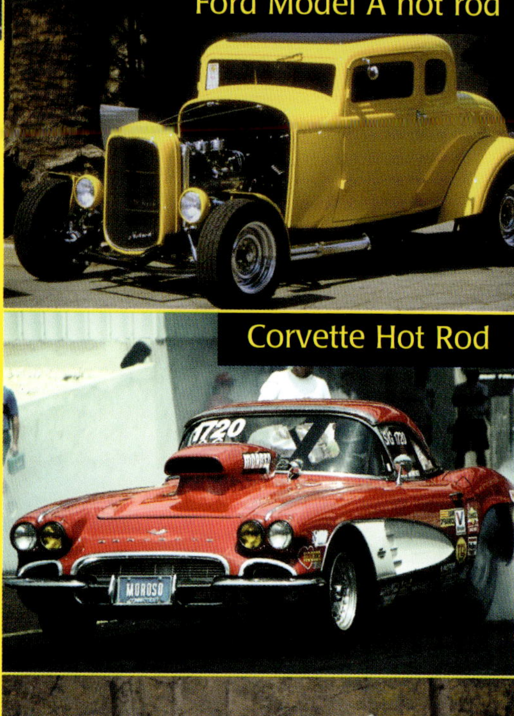

Corvette Hot Rod

Ford Pop Hot Rod

¿LISTO? Estás al volante de un misil de cuatro ruedas y 5400bhp de potencia, capaz de recorrer un cuarto de milla en menos de cinco segundos. Al acercarte a las 300mph (480km/h) deberás mantener la sangre fría...

..¡no hay bólido más veloz que un dragster!

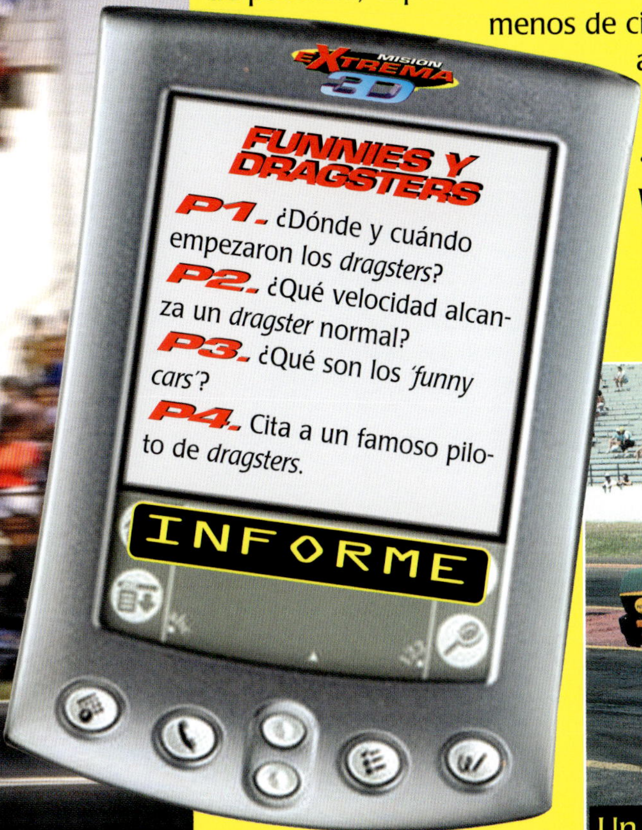

MISIÓN EXTREMA 3D
FUNNIES Y DRAGSTERS
P1. ¿Dónde y cuándo empezaron los dragsters?
P2. ¿Qué velocidad alcanza un dragster normal?
P3. ¿Qué son los 'funny cars'?
P4. Cita a un famoso piloto de dragsters.
INFORME

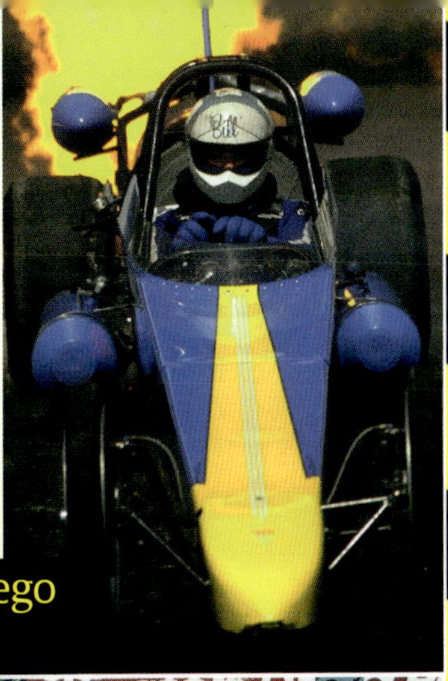

Un *"jet dragster"* escupe fuego por el postquemador

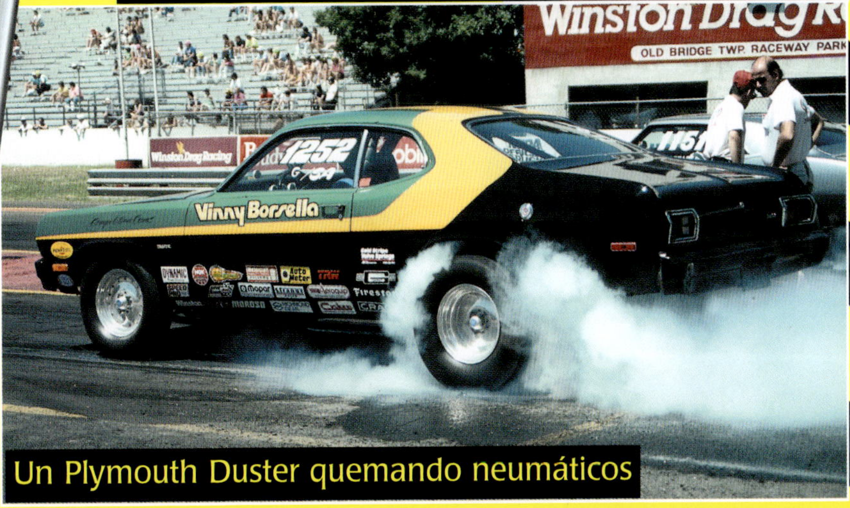

Winston Drag R
OLD BRIDGE TWP. RACEWAY PARK
Vinny Borsella

Un Plymouth Duster quemando neumáticos

¡Prepárate para el paseo de tu vida!

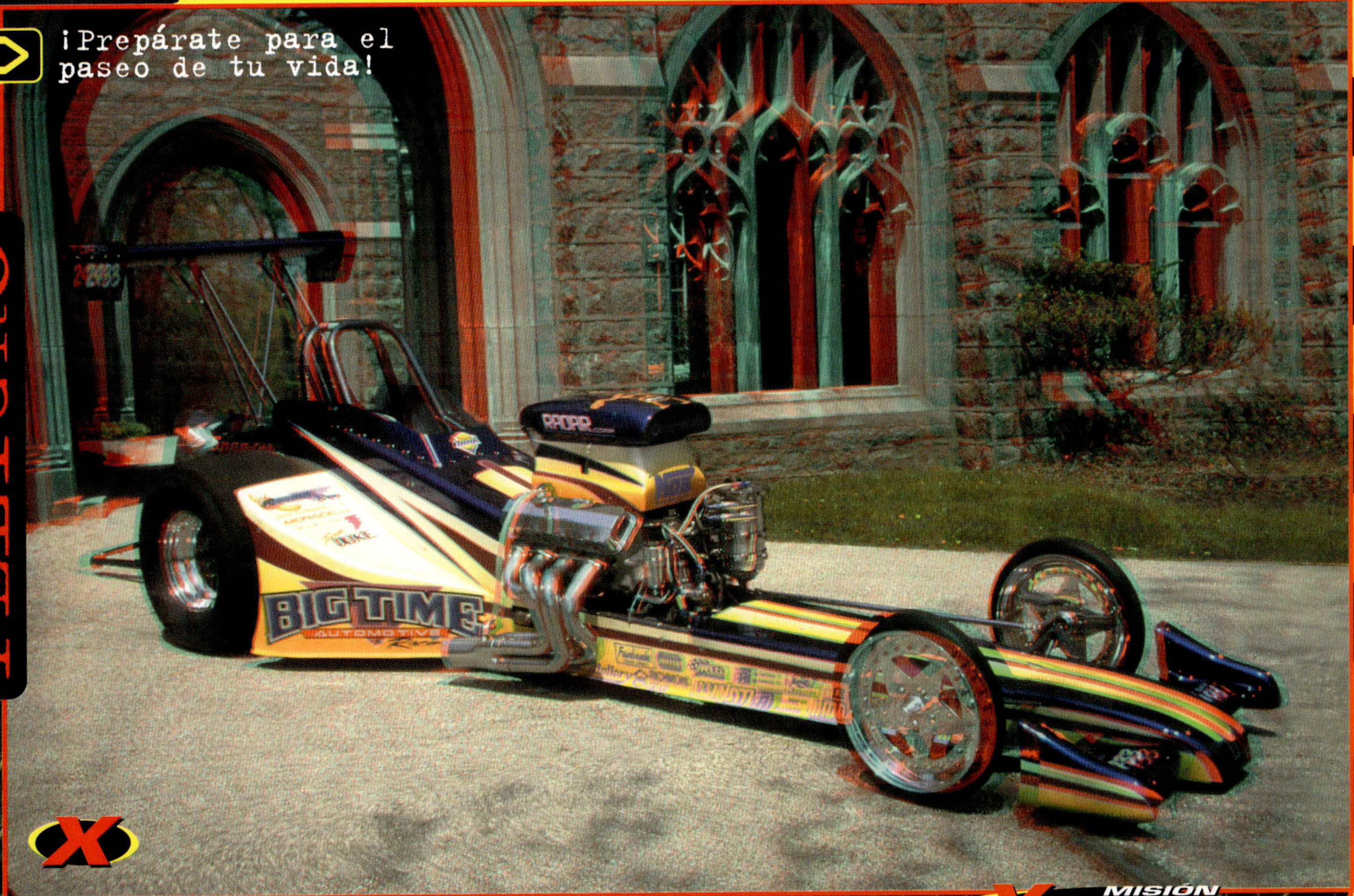

BIG TIME
AUTOMOTIVE

PELIGRO

Respuestas para el informe: 1. Estados Unidos, finales de los cuarenta. 2. 300mph (480km/h) 3. Autos estándar modificados. 4. Joe Amato.

> ALTA velocidad

Avión de carga Hércules C-130

de Havilland DH88 Comet

Red Arrows, un equipo de la RAF

P51D Mustang

Supermarine Spitfires

de Havilland Vampire

GENERACIONES de aficionados han contemplando las piruetas de los pilotos acrobáticos desde la Segunda Guerra Mundial, cuando los aviones empezaban a alcanzar velocidades vertiginosas. Los primeros aviones de competición, como el de Havilland Comet y el Supermarine Searacer, se convirtieron en los legendarios Spitfires y Hurricanes. Pero el gran desafío fue romper la barrera del sonido. Se consiguió en 1947 con el avión cohete pilotado por Chuck Yeager. La evolución aeronáutica nos ha llevado más allá de los confines de la Tierra.

SI QUIERES contemplar los vuelos más extraordinarios jamás realizados, mira al cielo... ¡aún queda lo mejor!
¿Ya sabes cuál es tu avión favorito?
¿Volverá a volar el Concorde?
British airways
Aviojets españoles, AF CASA C-101
MISIÓN EXTREMA 3D
ALTA VELOCIDAD
P1. ¿Quién rompió primero la barrera del sonido?
P2. ¿Cuándo lo hizo y con qué tipo de avión?
P3. ¿Cómo se llama el equipo de pilotos de exhibición de la RAF??
P4. Cita un gran avión militar de transporte.
INFORME
de Havilland Buffalo al rescate.
PELIGRO
Respuestas para el informe: 1. Chuck Yeager. 2. 1947, avión cohete Bell X-1. 3. Red Arrows. 4. Hércules C-130.
MISIÓN EXTREMA 3D
11

ESTRELLAS del asfalto

Rugido de motores, nervios de acero, empieza la cuenta atrás... tres, dos, ¡ya!

Audi TT-R

Parrilla de salida, 24 horas de Le Mans

LAS FAMOSAS CARRERAS de Le Mans, en Francia, exigen autos que combinen velocidad y resistencia para soportar 24 horas de acción continua alrededor de un circuito de ocho millas. En la década de los años veinte dominaban los Bentley, y volvieron a ganar en 2003. Triunfar en Le Mans es el sueño dorado de muchos pilotos y fabricantes, por no decir de todos.

Ferrari 33SP a tope

EN LOS CIRCUITOS se celebran emocionantes y diversas carreras: los pequeños *karts*, Indy Car, NASCAR, Touring Car y fórmula uno... Modalidades distintas, que comparten la misma pasión por la velocidad y el peligro.

Escena frecuente en Nascar

Michael Schumacher, el piloto con más éxito de todos los tiempos

Porsche Carrera 6

Autos Sauber de F1 apuran una curva en el Gran Premio de España

Respuestas para el informe: 1. Michael Schumacher. 2. *karting*, Indy Car, NASCAR, Touring Car, F1. 3. Ocho millas. 4. Bentley

> MONSTRUOS mecánicos

> POR AUTOPISTAS de cinco carriles o en carreteras de montaña, camiones de todos los tamaños recorren grandes distancias transportando mercancías. El más impresionante quizá sea el 'Big Rig', que se emplea en las largas travesías. Pero también hay camiones deportivos, como los *'monster trucks'*, de gran tamaño y con enormes ruedas y motores. A veces hay que trepar obstáculos, aplastar viejos autos o cualquier cosa en la que intervenga el ruido y la destrucción. También hay carreras de camiones *dragster* con grandes alerones y motores de avión que les permiten alcanzar 170mph (270km/h). Puros caracoles comparados con el campeón de la velocidad camionera: el International Endevour III. En los Llanos Salados de Utah, EE.UU., este coloso equipado con un motor diesel de 2500CV, alcanzó las 225mph (360km/h). ¡Llevaba paracaídas para frenarlo!

¡Menudo angelito!

Espectáculo de *monster trucks* en Calgary

Este angelito cargado sobrepasa las 600 toneladas. Se trata del Cat 797, el camión más pesado del mundo.

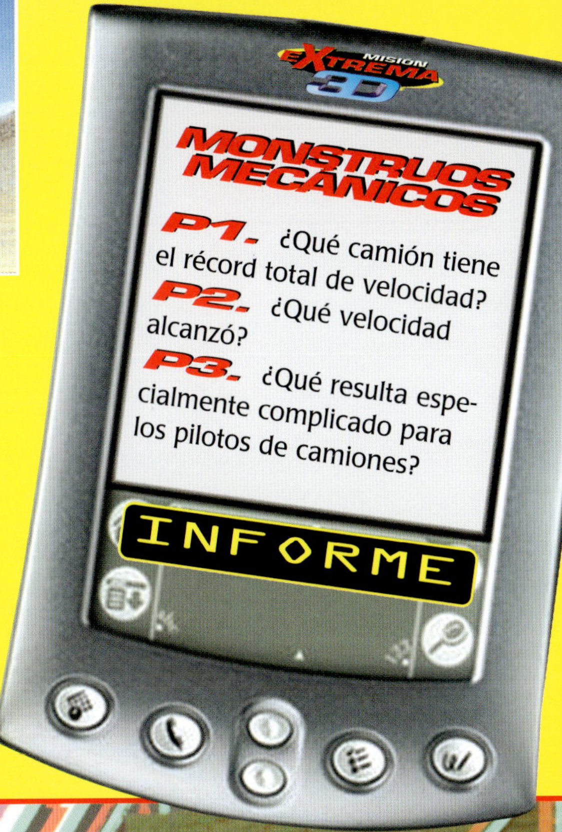

Setecientos caballos de potencia y una carga aerodinámica nula pueden complicar muchísimo una simple curva.

¿CAMIONES en un circuito? ¿Lo dices en serio? Todos sabemos que los camiones se fabrican para llevar cargas pesadas de un sitio a otro. Pues bien, debes saber que las carreras de camiones tienen muchos seguidores. Tanto en la categoría de furgonetas como en la de motocultores articulados, las máquinas empleadas llevan potentísimos motores preparados para la competencia. También es necesario modificar las suspensiones y la carrocería para facilitar las maniobras a alta velocidad.

PELIGRO

¡Vaya derrape!

Respuestas para el informe: 1. International Endeavour III. 2. 225mph (360km/h). 3. La falta de carga aerodinámica.

RALLY todoterreno

EL CAMPEONATO MUNDIAL DE RALLY es sin duda una de las competencias más emocionantes del mundo. De Australia a Escandinavia, estas carreras por etapas se celebran contra reloj, en cualquier condición atmosférica y en todo tipo de superficie. Los autos de rally son versiones modificadas de modelos de serie con motores más potentes y accesorios especiales para competir en los terrenos más duros. Sólo los mejores pilotos logran domesticar estos circuitos que exigen más y mayores destrezas de conducción que cualquier otra modalidad. Quien haya ganado un CMR, sin duda lo ha merecido.

Ford Focus WRC

En competencia, las asistencias y reparaciones suelen hacerse de noche.

Toyota Corolla

MISIÓN EXTREMA 3D

RALLY TODOTERRENO

P1. ¿Qué representan lan letras de CMR?

P2. Cita dos técnicas de control de la conducción usadas por los pilotos de rally.

P3. ¿En qué vehículos se basan los autos de rally?

P4. ¿Cuándo se reparan los autos en las competencias?

INFORME

¿PUEDES mantener el control en hielo, tierra, grava y barro? Los pilotos del Campeonato Mundial de Rally quizá sean los más hábiles de todos los deportes de motor.

Trombos, derrapes, cruzadas... ¡Y siempre a velocidades extremas!

MG ZR

Peugeot 206 en el Rally de Suecia

Mitsubishi Lancer

Un Subaru Impreza en pleno vuelo

PELIGRO

Respuestas para el informe: 1. Campeonato Mundial de Rally. 2. Trombo, derrape, cruzada. 3. Autos de serie. 4. Por la noche.

FUTURO veloz

Bombardero B-2 St

Avión espacial experimental X-33

Futurista Chrysler 300

AUTOS. Son el medio de transporte más usado de todos los tiempos. ¿Sabías que dentro de unos años habrá más de 750 millones de automóviles en el mundo? Por desgracia esto supone un inconveniente: la polución. Autos, guaguas, camiones y motos usan gasolina o gasoil, combustibles fósiles derivados del petróleo que contaminan el ambiente. Los autos son los mayores contaminantes del planeta, ensucian el aire y dañan las capas de la atmósfera que protegen la Tierra. Para fabricar estos vehículos se emplea mucha energía y materias primas. Como saben, en casa reciclamos periódicos, vidrios y plásticos. Pues bien, ahora se empiezan a reciclar productos manufacturados. ¿Veremos alguna vez un auto reciclable al 100%?

Es inevitable que el combustible de la Tierra se acabe. Por eso, hay que desarrollar motores que funcionen con energías renovables. ¡De hecho ya existen prototipos alimentados con energía solar transformada en electricidad!

Línea de producción robótica

¿Será este un auto del futuro?

Auto solar Honda